Thomas Frey · Reinhard Kallenbach

KOBLENZ

Luftbilder von gestern und heute
Eine Gegenüberstellung

Wartberg Verlag

Fotonachweis:
Alle Farbfotos: Thomas Frey.
Historische Fotos: Nordrhein-Westfälisches Hauptstaatsarchiv Düsseldorf: RW 229 (Hansa Luftbild) Nr. 40242, S. 4;
RW 261: Nr.1244, S. 6; Nr.1222, S. 8; Nr.1238, S. 10; Nr. 1236, S. 12; Nr. 1237, S. 14; Nr. 1229, S. 16; Nr.1232, S. 18;
Nr.1227, S. 20; Nr.1226, S. 22; Nr.1231, S. 24; Nr. 1240, S. 26; Nr. 1225, S. 28; Nr.1239, S. 30; Nr.1426, S. 32 u.;
Nr. 1412, S. 34; Nr. 1411, S. 35; Nr. 1413, S. 36; Nr. 1224, S. 44.
Landesmedienzentrum Rheinland-Pfalz: Nr. L 62741, S. 13; Nr. LU 51533, S. 38; Nr. L 65964, S. 40; Nr. L 62740,
S. 42 o.; Nr. L 16417, S. 42 u., Nr. L 51545, S. 46.

1. Auflage 1998

Druck: Werbedruck Schreckhase, Spangenberg
Buchbinderische Verarbeitung: Hollmann, Darmstadt

34281 Gudensberg-Gleichen, Im Wiesental 1, Tel. 05603/93050
ISBN 3-86134-468-8

Vorwort

Nur zwei Jahre nachdem die Brüder Montgolfier die ersten Ballonflüge unternommen hatten, erlebte Koblenz eine Premiere besonderer Art: Der französische Luftschiffer Jean-Pierre Blanchard präsentierte dem letzten Trierer Kurfürsten Clemens Wenzeslaus seinen Gasballon. Das war 1785. Für das Koblenzer Schloß hatte damals die letzte Bauphase begonnen, die spätere Neustadt bestand nur auf dem Reißbrett.

Der bauwütige und aufgeschlossene Kurfürst von Trier konnte damals noch nicht ahnen, daß er binnen weniger Jahre ein Opfer der Stürme der Revolution werden würde. Noch sonnte er sich im Glanz eines aufgeklärten Absolutismus und arbeitete mit großer Energie daran, die Stadt an Rhein und Mosel zu seiner Residenz zu machen. Landeshauptstadt ist Koblenz in kurfürstlicher Zeit ja nie gewesen – das Domkapitel saß bekanntlich in Trier. Mit der ersten Flucht des Landesherren im Jahre 1792 vor den französischen Revolutionsarmeen und der weitgehend kampflosen Einnahme der Stadt Koblenz durch die unter Befehl des Generals François Severin Marceau stehende Armee am Abend des 23. Oktober 1794 begannen für die Stadtentwicklung Jahrzehnte, die deutliche Spuren und Narben hinterlassen sollten.

Aus der Luft lassen sich die gravierenden Veränderungen der Neuzeit und die frühen Phasen der Stadtgeschichte heute am besten dokumentieren. Obwohl die Zeugnisse der römischen Ursprünge von Koblenz bis auf wenige Fundamente und Mauerreste aus dem Stadtbild verschwunden sind, lassen Luftbilder die Ausdehnungen des spätrömischen Steinkastells des vierten Jahrhunderts erahnen: Der ehemalige Stadtgraben mit seinem natürlichen Ursprung als Seitenarm der Mosel, der das etwa 30 Meter zurückversetzte Kastell schützte, ist auf den Fotos deutlich zu erkennen. Etwas schwieriger wird die Rekonstruktion des Mittelalters in der Rhein-Mosel-Stadt. Die Zeugen der ersten Erweiterung der Stadt nach Westen und Osten sind im Zuge der verheerenden Bombenangriffe von 1944 und einer rigorosen Stadtplanung weitgehend verschwunden. Ausnahmen bilden die Basilika St. Kastor und die einstige Ballei des Deutschen Ordens, die bis auf den heutigen Tag das Koblenzer Rheinufer prägen. Wieder sind es Luftbilder, die dem Heimatforscher weiterhelfen. In den 30er Jahren entstanden eine Reihe von Aufnahmen, die alte Altstadtstraßen wie die Kastorgasse wiederbeleben. Ein Vergleich mit aktuellen Fotos ist hier besonders reizvoll. Der Bildband „Koblenz. Luftbilder von gestern und heute“ wird somit für den heimatkundlich interessierten Leser Anschauungsmaterial und Orientierungshilfen vermitteln.

Zurück zu Clemens Wenzeslaus, der Koblenz so nachhaltig seinen Stempel aufdrückte, daß selbst die weitgehende Zerstörung der Koblenzer Innenstadt im Zweiten Weltkrieg nichts daran ändern konnte. So markiert das zwischen 1777 und 1786 errichtete frühklassizistische Schloß das Zentrum eines neuen Stadtteils, der den alten, zur Mosel orientierten Kern in eine Randlage drängte und Koblenz zu einer offenen Stadt machte. Lange war das alte Zentrum von der mittelalterlichen Stadtmauer und der frühneuzeitlich-barocken Befestigung eingeschnürt worden. Der Kurfürst opferte die militärischen Fesseln seinem Repräsentationsbedürfnis, was durchaus Sinn machte, weil die alte Festung Koblenz völlig veraltet war und einem feindlichen Angriff nicht mehr widerstehen konnte. Doch die Möglichkeiten zur freien Expansion sollten nicht lange bestehen. Nach dem kurzen französischen Zwischenspiel in der napoleonischen Ära wurde Koblenz in der Neujahrsnacht 1813/14 von russischen Truppen befreit und fiel anschließend an Preußen. Die neue Herren machten sich zügig daran, Koblenz mit einem Festungssystem auszustatten, das als das zweitgrößte Europas galt. Ein weiterer Schritt war der Ausbau des heutigen Oberzentrums zu einem Verwaltungsmittelpunkt als Hauptstadt der preußischen Rheinprovinz. Zwei Faktoren, die die spätere Entwicklung von Koblenz zu einer Besonderheit machten. Die Stadt mit ihren heute rund 110.000 Einwohner ist „sauber“ geblieben, rauchende Industrieschlote bildeten immer eine Ausnahme. Stattdessen spielen und spielten Verwaltung, Militär und Fremdenverkehr, seit einigen Jahren auch der Ausbau von Koblenz zum Hochschul- und Wissenschaftszentrum, eine entscheidende Rolle. Gerade die Veränderungen des 19. und 20. Jahrhunderts, die mit der Stadterweiterung ab 1890 einen ersten Höhepunkt erreichten, lassen sich hervorragend mit Hilfe von Luftbildern dokumentieren. Gleiches gilt für die Bausünden und Fehlplanungen der jüngsten Vergangenheit, unter denen die alte kurfürstliche Stadt heute leidet.

Die Gegenüberstellungen von alt und neu wurden so angeordnet, daß zunächst die kurfürstliche Neustadt überflogen wird. Weiter geht es mit der Alt- und Innenstadt (samt Deutschem Eck), bevor es auf die rechte Rheinseite mit den Stadtteilen Ehrenbreitstein und Pfaffendorf weiter geht. Den Abschluß markiert der erneute Wechsel auf die linke Rheinseite mit den Stadtteilen Stolzenfels, Südliche Vorstadt und Obwerth. Westlicher Schlußpunkt des kleinen Rundfluges ist Güls.

Die Rheinseite des Kurfürstlichen Schlosses und die Koblenzer Neustadt mit der Schloßstraße, eine zentrale Achse, die eine Verbindung zum westlichen Abschnitt der Innenstadt herstellt. Am linken Bildrand der Friedrich-Ebert-Ring (ehemals Kaiser-Wilhelm-Ring) und die 1904 vollendete Christuskirche. Oben die neoromanische Herz-Jesu-Kirche, die 1904 konsekriert wurde. Die historische Aufnahme vermittelt einen guten Eindruck von den Stadterweiterungsphasen im 13. Jahrhundert sowie in kurfürstlicher und preußischer Zeit. Rechts läßt sich die zwischen 1252 und 1306 vollendete Stadtmauer erahnen, die im gezeigten Abschnitt Wasserturmsmauer genannt wurde und erst im Zuge der Anlage des Zentralplatzes Ende der 60er Jahre verschwand. Die Aufnahme rechts spiegelt Bausünden der jüngsten Vergangenheit – z.B. das Polizeipräsidium (oben rechts) – und die Folgen der Fliegerangriffe von 1944 wider, die die Innenstadt bis zu 87 Prozent zerstörten.

Das Kurfürstliche Schloß mit Blick auf das preußische Regierungsviertel (links oben). Die im Auftrag des letzten Trierer Kurfürsten Clemens Wenzeslaus von Sachsen von 1775 bis 1792 geplante Anlage gilt als eine der letzten großen Schloßbauten des 18. Jahrhunderts und als erster und bedeutendster Bau des Frühklassizismus im Rheinland. 1777 übertrug der Kurfürst die gesamte Bauleitung dem Franzosen Michel d'Ixnard. Das Fehlen detaillierter Baupläne führte zum Bruch zwischen Clemens Wenzeslaus und dem Architekten. Die Planung übernahm Antoine Francois Peyre le Jeune, am 23. Dezember 1786 konnte der Kurfürst einziehen. Ausstattung und Möblierung erfolgten weitgehend nach Peyres Plänen, blieben aber unvollendet, weil der Kurfürst bereits 1792/93 das erste Mal vor den französischen Revolutionstruppen fliehen mußte. Ab 1795 diente das Schloß als französisches, ab 1814 als russisches Militärlazarett. 1825 wurde es zum Gerichtsgebäude umgebaut, in den 40er Jahren des 19. Jahrhunderts in eine Residenz des preußischen Königshauses verwandelt. 1944 brannte die Anlage völlig aus. Der Wiederaufbau erfolgte 1950/51. 1997/98 erhielt das Schloß die weiß-graue Farbfassung der Erbauungszeit zurück.

Foto oben: Die Rheinpromenade mit dem der staufischen Kaiserpfalz in Goslar nachempfundenen Gebäude der Königlichen Regierung und dem Hotel „Koblenzer Hof" (beide Bauten sind heute Dienstgebäude des Bundesamtes für Wehrtechnik und Beschaffung). Unten die von 1862 bis 1864 für die Rheinische Eisenbahngesellschaft errichtete Pfaffendorfer Brücke. 1932 gänzlich für den allgemeinen Verkehr umgebaut, sprengte sie die Wehrmacht am 7. März 1945. Die „neue" Pfaffendorfer Brücke wurde am 18. Juli 1953 wieder dem Verkehr übergeben.
Foto links: Brückenauffahrt und Rhein-Mosel-Kongreßzentrum.
Foto rechts: In der Mitte das Hochhaus, das an die Stelle des Hotels Riesenfürstenhof trat, dahinter die Basilika St. Kastor und die ehemalige Deutschordensballei.

Foto links: Der 1944 zerstörte Nordflügel des Koblenzer Schlosses, direkt dahinter das Gebäude des Oberpräsidiums der Rheinprovinz, heute Bezirksregierung Koblenz. Der Bau wurde im Sommer 1907 begonnen und im November 1910 vollendet. Das Oberpräsidialgebäude wurde in den Formen des rheinischen Barock errichtet, zeigt allerdings Jugendstileinflüsse. Die stilistischen Bezüge des staatlichen Repräsentationsgebäudes zum Koblenzer Schloß und zum Dikasterialgebäude in Ehrenbreitstein sind deutlich zu erkennen. Linker Hand der Klemensplatz, heute Reichensperger Platz. In der Bildmitte die Karmeliterstraße mit dem alten Gerichtsgebäude und das ehemalige Karmeliterkloster von 1654, das im Dritten Reich als Gefängnis diente. Rechts die Straße Im Vogelsang mit dem ehemaligen Franziskaner-Nonnenkloster St. Georg.

Foto oben: : Das Koblenzer Schloß, das einstige Präsidialgebäude und das am Rheinufer gelegene „mittelalterliche" Gebäude der ehemaligen Königlichen Regierung. Die imposante Anlage entstand an Stelle des ehemaligen Priester- und Waisenhauses, das 1901 abbrannte. Der Nachfolgebau wurde nach rund fünfjähriger Bauzeit Mitte Februar 1906 seiner Bestimmung übergeben.

Foto rechts: Schloß und Präsidialgebäude aus Richtung Nordost.

„Regierungsviertel" und Reichensperger Platz aus Richtung Südwest. Dahinter der Ostteil der mittelalterlichen Stadterweiterung mit Karmeliterstraße und St. Kastor. Rechts oben: Ehrenbreitstein (1937 eingemeindet). Auf der Nordseite des Platzes (links) im Kreuzungsbereich Poststraße die Kaiserliche Oberpostdirektion, die man Anfang der 1880er Jahre nach Plänen des Frankfurter Postbaurates Cuno errichtete. 1944 zerstört, wurde das spätere Fernmeldeamt I (heute Telekom) vereinfacht aufgebaut.
Foto unten: Das durch Kriegszerstörungen gezeichnete Viertel aus Flugrichtung Süd.

Die Rheinpromenade (heute Konrad-Adenauer-Ufer und Rheinzollstraße). Der kleine, weiße Rundbau vorn wird heute wegen des dort installierten Rheinpegels „Pegelhäuschen" genannt. In Wirklichkeit ist es aber der alte Rheinkran, der 1609 unter Kurfürst Lothar von Metternich errichtet wurde. Am rechten Bildrand das Kastorviertel, das Bomben 1944 weitgehend zerstörten. Die an der Mosel gelegene Kastorstraße wurde in den 50er Jahren aus Gründen des Hochwasserschutzes aufgeschüttet und neu bebaut. Geblieben ist neben dem Gartenbau die spätgotische Jakobus-Kapelle im Bereich Kastorhof/Am Alten Hospital, früher ein Teil des Von der Leyenschen Hofes.

Das Kaiser-Wilhelm-Denkmal am Deutschen Eck, die Gebäude der einstigen Koblenzer Deutschordensballei und St. Kastor. Das „Eck“ hat seinen Namen vom Deutschen Orden, der bereits um 1212 ein erstes Haus in Koblenz bezog, ab 1216 seinen Standort ausbaute. Von der Anlage ist noch der Rheinbau (heute Ludwig-Museum) vollständig erhalten, während der Moselbau und die sogenannte „Trutzenburg“ 1944 zerstört wurden. Die Geschichte des Areals reicht bis in die ältere Eisenzeit zurück. Das zeigten die Ausgrabungen in St. Kastor. Das Gotteshaus selbst ist wahrscheinlich eine Gründung Kaiser Ludwigs des Frommen. Der ursprünglich einschiffige Bau wurde 836 geweiht. Im 11./12. Jahrhundert erhielt die Kirche eine Doppelturmfassade und einen Chor. Abgesehen von der Einwölbung aus dem 15. Jahrhundert erhielt St. Kastor schon kurz nach 1200 im wesentlichen die heutige Gestalt.

Das Kaiser-Wilhelm-Denkmal am Deutschen Eck, die Koblenzer Innenstadt und die Rheinstadtteile aus Flugrichtung Nord. Die historische Aufnahme zeigt neben der ersten Pfaffendorfer Brücke zudem das kriegszerstörte Kastorviertel und die Schiffsbrücke, die bereits am 18. April 1819 dem Verkehr übergeben wurde. Das Ausfahren der Joche erfolgte ursprünglich per Handbetrieb, in den 1880er Jahren wurde auf Dampfbetrieb umgestellt. In dieser Form bestand die Schiffsbrücke bis 1945. Zur Geschichte des Denkmals: Bereits im Todesjahr des Deutschen Kaisers Wilhelm I. (1888) begannen in der Rheinprovinz die Vorbereitungen zur Errichtung eines Denkmals. Erst nach längeren Streitereien entschied man sich für den Standort am Zusammenfluß von Rhein und Mosel in der Verlängerung einer Landzunge. Für die Errichtung des Denkmals wurde eigens ein kleiner Schutzhafen zugeschüttet. Für die architektonische Gestaltung des Unterbaus aus Granit zeichnete sich Bruno Schmitz verantwortlich, während die aus Kupferblech getriebene Reiterfigur des Kaisers von Emil Hundrieser stammte. Beide hatten zuvor einen Wettbewerb für sich entschieden. Die Bauarbeiten für das insgesamt 36 Meter hohe Denkmal begannen 1895. Am 31. August 1897 wurde das Denkmal unter Anwesenheit des Kaisers Wilhelm II. eingeweiht. Das Reiterstandbild selbst wurde in den letzten Kriegstagen durch ein US-Geschoß derart beschädigt, daß es beseitigt werden mußte. Der Hintergründe der Aktion sind bis heute umstritten. Am 18. Mai 1953 weihte Bundespräsident Theodor Heuss den Denkmalsockel zum Mahnmal der Deutschen Einheit. Seit September 1993 steht ein neues, massives Standbild des Düsseldorfer Künstlers Raimund Kittl am alten Platz – es war von der Verlegerfamilie Theisen gestiftet worden.

Die Koblenzer Altstadt zwischen dem heute nicht mehr bestehenden Moselhafen (der Bereich wurde 1972/73 neu gestaltet und heißt jetzt Peter-Altmeier-Ufer) und Rheinpromenade. Im Hintergrund die Stadtteile Lützel und Neuendorf. Das Werftgelände mit Hafenbecken gehört heute zum Wasser- und Schiffahrtsamt. Auf dem historischen Foto steht der östliche Abschnitt der Altstadt im Mittelpunkt, der 1944 weitgehend zerstört wurde. In der Bildmitte der Kastorhof mit Brunnen, der in französischer Zeit (1812) zu Ehren Napoleons vollendet worden war. An der südwestlichen Ecke des Kastorhofes sind die Gebäude des Von der Leyenschen Hofes mit seinen Gartenflächen zu erkennen, der mit Ausnahme der Jakobus-Kapelle und Teilen der Gartenfront den Bombenangriffen zum Opfer fiel.

Am unteren Bildrand (rechts) die Rheinzollstraße mit der ehemaligen Mädchenschule von St. Kastor (an der Ecke zum Kastorhof), die 1835 nach Plänen des Bauinspektors und Stadtbaumeisters Johann Claudius von Lassaulx errichtet wurde. Bis zur Zerstörung des Gebäudes 1944 war in dem Gebäude das Rhein-Museum untergebracht, das heute in der alten Ehrenbreitsteiner Grundschule eine neue Heimat gefunden hat. Parallel zur Rheinzollstraße verläuft ein Stück weiter westlich in Verlängerung der Karmeliterstraße die Kastorpfaffengasse, deren Bebauung weitestgehend den Fliegerangriffen von 1944 zum Opfer fiel. Die einstige Gasse war bis 1770 von Weingärten sowie wenigen Gebäuden des St. Kastor-Stiftes geprägt. Erst Kurfürst Clemens Wenzeslaus drängte ab 1769 zum Ausbau der Gasse. Die Pläne lieferte Baumeister Nikolaus Lauxen.

Die Moselbrücken aus Richtung West/Nordwest. Unten die 1932 begonnene, 1934 vollendete Europabrücke, die zwischen 1952 und 1954 wiederaufgebaut, von 1972 bis 1974 verbreitert wurde. Darüber die Moseleisenbahnbrücke von 1857/58, die 1975 völlig umgestaltet wurde. Oben die nach dem Kurfürsten Balduin von Luxemburg (1307–1354) benannte Balduinbrücke, deren Bau 1343 begann und 85 Jahre dauern sollte. Wie alle anderen Koblenzer Brücken zerstörte die Wehrmacht am 7. März 1945 das Bauwerk, das 1949 wiederhergestellt war. 1965/66 entschied sich der Stadtrat für eine pfeilerlose Überbrückung des unteren Moselkanals, vier Brückenpfeiler verschwanden. Hintergrund: Die Schiffbarmachung der Mosel, die bereits 1956 mit Frankreich und Luxemburg vereinbart worden war und schon1951 zur Fertigstellung der Koblenzer Schleuse (aktuelles Bild ganz unten) geführt hatte. Das heutige Gesicht der Brücke wurde im Juni 1975 vollendet.

Foto unten: Blick auf die Kernstadt aus Flugrichtung Ost. Am unteren Bildrand die seit 1818/20 evangelische Florinskirche, deren Anfänge bis in das 10./11. Jahrhundert zurückreichen. Die einstige Stiftskirche St. Florin wurde im 13. Jahrhundert neu gestaltet, während der französischen Beschießung vom Herbst 1688 und in napoleonischer Zeit aber stark beschädigt. Direkt daneben der 1680 bis 1682 und 1701/1702 neu gestaltete alte Bischofshof, einst unter anderem Sitz des Hofgerichtes, heute Pfarrhof Liebfrauen. Am linken Bildrand die weitgehend aus dem 12. Jahrhundert stammende Liebfrauenkirche.

Foto rechts: Die Altstadt mit den drei romanischen Hauptkirchen aus Richtung West.

Die Altstadt aus südlicher Flugrichtung. Deutlich zu erkennen ist der halbkreisförmige ehemalige Stadtgraben aus dem später Altengraben, Entenpfuhl und Kornpfortstraße hervorgingen. Dieser Graben hat wahrscheinlich einen natürlichen Ursprung als Nebenarm der Mosel. In der Spätantike schützte er das Steinkastell des vierten Jahrhunderts. Der Vergleich der beiden Aufnahmen dokumentiert den hohen Zerstörungsgrad in der Innenstadt. So wurde der bis in die Römerzeit zurückreichende Straßenzug Marktstraße-Löhrstraße (auf dem historischen Foto die Nord-Süd-Achse links) weitgehend vernichtet. Gleiches gilt für die parallel verlaufende Görgenstraße und das von beiden Straßen umschlossenen Areal. Beim Wiederaufbau verzichtete man darauf, den alten Zustand in diesem Teil der mittelalterlichen Stadterweiterung wiederherzustellen. Statt dessen wurden Straßen verbreitert und der umstrittene Zentralplatz (rechts Bild unten) angelegt.

Foto S. 26: Der auf das spätrömische Kastell zurückgehende Kernbereich der Koblenzer Altstadt. Am oberen Bildrand die östliche Stadterweiterung des Mittelalters mit Deutschem Eck und Kaiser-Wilhelm-Denkmal.
In der Bildmitte liegt der Münzplatz, der streng genommen eine relativ kurze Geschichte hat, da er sein heutiges Aussehen erst ab 1910 erhielt. Auf seiner Ostseite wird der Platz vom Münzmeisterhaus, der ehemaligen kurfürstlichen Münze, begrenzt, das 1763 nach Plänen des Baumeisters Johannes Seiz errichtet wurde. Die Nordseite des Münzplatzes prägt eine Gebäudegruppe, die man 1911 nach Plänen des Koblenzer Architekten Conrad Reich vollendete und die im angrenzenden „Paradies" sowie in der Burgstraße ihre Fortsetzung findet.
Das platzprägende Ensemble mit seinen Laubengängen und die bewußten Bezüge zur Barockarchitektur sind ein Musterbeispiel für die Überwindung des überladenen Eklektizismus des ausgehenden 19. Jahrhunderts im Sinne des Traditionalismus. An die Gruppe grenzen westlich das heute nicht mehr bestehende Haus der Freimaurerloge und der aus dem 17. Jahrhundert stammende Metternichsche Hof, bei dessen Errichtung mittelalterliche Abschnitte integriert wurden.

Foto links: Die heutige Gestalt des spätrömischen Altstadtkerns mit Liebfrauen- und Florinskirche sowie die angrenzenden Abschnitte der „modernen" Innenstadt mit der im Zuge des Wiederaufbaus wesentlich verbreiterten Pfuhlgasse (unten). Mit dem Plan (Bildmitte), dem Münzplatz (links) und dem Florinsmarkt (oben) sind drei der insgesamt fünf Altstadtplätze deutlich zu erkennen.

Die Altstadt mit Balduinbrücke aus Flugrichtung Nordwest. Auf dem historischen Foto ist unten rechts der im Krieg zerstörte Bassenheimer Hof zu sehen, dessen Baugeschichte bis in das 16. Jahrhundert zurückreichte. Das Anwesen wurde im 18. Jahrhundert mehrmals umgestaltet, diente bis zur seiner Vernichtung unter anderem als Schule, Pfandhaus und städtisches Wohlfahrtsamt. Heute steht an gleicher Stelle das Stadtbad (Foto rechts), das 1965/66 errichtet wurde. Oberhalb der Balduinbrücke schließen sich der einstige Moselhafen (heute Peter-Altmeier-Ufer) mit den auf der mittelalterlich-frühneuzeitlichen Stadtmauer errichteten Gebäuden an. Direkt oberhalb der Balduinbrücke gelegen, ist die ehemalige Kurfürstliche Burg deutlich zu erkennen, heute Heimat des Koblenzer Stadtarchivs. Das Baudenkmal wurde unter Erzbischof Heinrich von Vinstingen 1260–1286 errichtet, vor allem Ende des 17. Jahrhunderts erweitert und umgebaut.

Das Moselufer zwischen nördlicher Flugrichtung. Oberhalb der Alten Burg die Burgstraße, die von den 1911 vollendeten Bauten des Conrad Reich geprägt wird. Nur durch das „Paradies" getrennt, liegt neben der Burg das Gelände der Fischfabrik Richard Brieg. Es schließen sich die Bauten auf der Nordseite des Florinsmarktes an. Der Platz selbst erhielt seine heutige Größe erst 1817. Markantes Baudenkmal in diesem Bereich ist neben der Florinskirche das Alte Kauf- und Tanzhaus (links unten), dessen Ursprünge bis 1419 zurückreichen. Kaum zu erkennen ist das an der linken Seite angrenzende Schöffenhaus von 1530. Platzprägend ist auch der westlich an das Kaufhaus angrenzende Bürresheimer Hof, der im 17. Jahrhundert entstand und bis zur Reichsprogromnacht auch als Synagoge diente (heute Jugendbücherei). Der nach Plänen des Nikolaus Lauxen errichtete moselseitige Galeriebau gilt heute als Kleinod barocker Baukunst.

Blick auf die Koblenzer Innenstadt aus Richtung Nord. Rechter Hand die Balduinbrücke, die über die im Zuge des Wirtschafts- und Aufbauplans von 1948 wesentlich verbreiterte Straße An der Moselbrücke angedient wird. Gemeinsam mit der neu angelegten Hohenfelder Straße präsentiert sich heute eine Achse, die den westlichen Cityrand erschließt, der heute vom Löhr-Center geprägt wird (Bildrand Mitte). Ein Stück weiter östlich die ebenfalls in Nord-Süd-Richtung verlaufende Löhrstraße, die bis zum Hauptbahnhof führt. In der Bildmitte der dritte wichtige Nord-Süd-Straßenzug Görgenstraße-Viktoriastraße-Hohenzollernstraße. Die parallel verlaufende Achse Casinostraße-Südallee (links) stellt eine weitere Verbindung zur Südlichen Vorstadt her. Im Vordergrund das Sanierungsgebiet Koblenz-Altstadt, dessen überlieferte Bausubstanz seit Anfang der 80er Jahre entweder erneuert oder durch Neubauten ersetzt wurde.

Die bis zur Eingemeindung von 1937 selbständige Stadt Ehrenbreitstein und die gleichnamige Festung aus westlicher Flugrichtung. Unterhalb der Festung ist der Dikasterialbau der kurtrierischen Verwaltung mit dem durch den Baumeister Johannes Seiz zwischen 1761 und 1763 vollendeten Marstall deutlich zu erkennen. Der Dikasterialbau wurde vor der Fertigstellung des Koblenzer Schlosses von Kurfürst Clemens Wenzeslaus auch als Wohnsitz genutzt, nachdem die bereits 1801 weitgehend gesprengte Philippsburg (ungefähr auf Höhe der heutigen Bahnanlagen) den Landesherren nicht mehr ausreichte. Der 90 Meter lange Dikasterialbau war im Auftrag des Kurfürsten Franz Georg von Schönborn von 1739 bis 1748 unter Johannes Seiz nach Plänen Balthasar Neumanns vollendet worden.

Festung Ehrenbreitstein. Am unteren Bildrand links das Dikasterialgebäude mit Marstall sowie die Verladerampe des Bahnhofs. Die Geschichte der Festung reicht bis zum Ende des 10. Jahrhunderts zurück. Im 16., 17. und 18. Jahrhundert wurde die Anlage zur stärksten Landesfestung ausgebaut – sie galt als uneinnehmbar. Obwohl Koblenz mit weiten Teilen des Kurfürstentums im Herbst 1794 an Frankreich gefallen war, widerstand die Besatzung noch bis zum 27. Januar 1799. 1801 sprengten Franzosen den Ehrenbreitstein, 30.000 Pfund Pulver wurden hierzu benötigt. 1803 fiel die Ruine an das Herzogtum Nassau, 1815 an das Königreich Preußen. Danach entstand eine neue Anlage als Teil der Festung Koblenz.

Ehrenbreitstein aus Richtung Süd. Auf dem historischen Foto ist die parallel zur Bahnlinie verlaufende Hofstraße deutlich sichtbar. Bildmitte: Die 1656 neu geweihte Kapuzinerkirche und das klassizistische Konradhaus. Daran schließen sich Gärten und die 1817/18 errichteten Militärremisen an. Rechts davon liegt das von1876 bis 1878 nach Plänen von Martin Gropius und Heino Schmieden errichtete Militärlazarett im Teichert.

Die Festung Ehrenbreitstein aus südlicher Flugrichtung. Beim Neubau der Anlage schlossen sich die Preußen an den Gesamtplan der frühneuzeitlichen Befestigungsanlage an. So wurden die alten Wälle durch gemauerte Kasemattenreihen ersetzt. Allerdings fielen beim Wiederaufbau der Anlage unter Generalmajor Ernst Ludwig von Aster, der im Juni 1815 begann und im wesentlichen bis zur Schlußsteinlegung am 3. August 1828 abgeschlossen war, die Wohnbauten im heutigen großen Schloßhof weg. Auch der einstige Helfenstein wurde als Fort Helfenstein in die untere Festung (vorne) integriert.

Pfaffendorf, seit 1937 Stadtteil von Koblenz, und die neue Pfaffendorfer Brücke aus Richtung Süd. Deutlich zu erkennen ist, daß der Kern des 1047 erstmals urkundlich erwähnten Ortes durch einen zentralen Straßenzug erschlossen wird, der bis zum weiter rheinaufwärts gelegenen Horchheim (1937 eingemeindet) durchläuft: die Emser Straße. In der unteren Bildhälfte die zwischen 1901 und 1903 erbaute katholische Pfarrkirche St. Peter und Paul. Das nach Plänen des Architekten Schweitzer errichtete neogotische Gotteshaus wurde 1944 bis auf die Außenmauern zerstört. Erst seit Ostern 1950 finden in der Kirche wieder Gottesdienste statt. Oberhalb der Pfaffendorfer Brücke ist die an der Auffahrt Brückenstraße gelegene evangelische Kirche zu erkennen. Der ebenfalls neogotische Bau, der nach Plänen des Koblenzer Architekten Erhardt Müller entstand, wurde am 14. Dezember 1902 geweiht.

Schloß Stolzenfels. Die Ursprünge der Anlage gehen auf eine Zollburg zurück, die wahrscheinlich unter dem Trierer Erzbischof Arnold II. von Isenburg (1242–1259) errichtet wurde, ihre Bedeutung aber verlor, als der Zoll des zugehörigen Ortes Kapellen (ab 1912 Kapellen Stolzenfels, seit der Eingemeindung 1969 Stadtteil Stolzenfels) 1412 nach Engers verlegt wurde. Zu Beginn des Pfälzischen Erbfolgekrieges im Herbst 1688 wurde die Anlage von den Truppen des „Sonnenkönigs" Ludwig XIV. zerstört. Die Ruine diente lange als Steinbruch bis sie unter französischer Herrschaft 1802 an die Stadt Koblenz fiel. Diese beschloß, die Anlage dem preußischen König Friedrich Wilhelm IV. zu schenken, was 1823 auch geschah. Zwischen 1836 und 1841 wurde die Burgruine nach Plänen des Architekten Karl Friedrich Schinkels im „gotischen" Stil wieder aufgebaut. Erste Entwürfe des Koblenzer Bauinspektors Johann Claudius von Lassaulx und Schinkels wurden nicht realisiert. Das dichte Grün um das Schloß verbirgt, daß die Anlage ursprünglich in einen kulissenhaften Felsen- und Waldpark des mittleren 19. Jahrhunderts eingebettet war, dessen geistiger Vater kein geringerer als der preußische Generalgartendirektor Peter Joseph Lenné ist. Lenné ist den Koblenzern vor allem durch „seine" Kaiserin-Augusta-Anlagen am Rhein bekannt. Schloß Stolzenfels wurde nur wenige Jahre als Wohnsitz des Königs genutzt – Friedrich-Wilhelm IV. starb 1861, sein Nachfolger hatte kein Interesse mehr an dem malerischen Objekt. Der Park verwilderte, so daß das Bauwerk heute in einen Hochwald eingebettet ist. Schloß Stolzenfels gehört der Verwaltung der staatlichen Schlösser in Rheinland-Pfalz und ist zur Besichtigung geöffnet.

Foto oben: Die Südliche Vorstadt aus Flugrichtung West. Vorne die in Nord-Süd-Richtung verlaufende Hohenzollernstraße, die ihren Namen 1894 erhielt und in ihrem südlichen Abschnitt jenseits der ebenfalls gezeigten Kreuzung zur Schenkendorfstraße ursprünglich Löhrchaussee hieß. Zur Geschichte: Der Stadtteil in seiner heutigen Gestalt entstand im großen und ganzen erst nach der Aufgabe der preußischen Stadtbefestigung, die eine Kabinettsorder im März 1890 verfügte. Allerdings hatten schon in den 1870er Jahren Planungen für ein Weg- und Straßennetz sowie einzelne private Baumaßnahmen begonnen. Der bekannteste Plan für die Süderweiterung der Stadt stammt vom Kölner Stadtbaumeister Hermann Joseph Stübben, dem bedeutendsten preußischen Stadtplaner in wilhelminischer Zeit. Dieser erste Bebauungsplanentwurf diente aber nur als Vorlage für weitere Planungen. Das Straßennetz in seiner heutigen Form ist in erster Linie dem Geometer Otto Theodor Amandus Fohl zu verdanken.

Foto unten: Die Südallee aus Flugrichtung Nord, die ursprünglich Kaiser-Friedrich-Straße hieß, also nach Friedrich III. (1831–1888), dem Sohn Kaiser Wilhelms I. und seiner Frau Augusta, benannt wurde. Deutlich zu erkennen sind die Wohngebäude auf der westlichen Straßenseite, die Anfang der 20er Jahre nach Plänen des Koblenzer Architekturbüros Stähler&Horn im Auftrag der Stadt Koblenz für die französische Besatzungsmacht, die Anfang 1923 die US-Truppen am Ort ablöste, erstellt wurden. Die Gebäudegruppe mit ihren Vier- bis Sechszimmerwohnungen wurde architektonisch einheitlich und anspruchsvoll durchgestaltet.

Foto oben: Das „Herz" der Südlichen Vorstadt rund um die Katholische Pfarrkirche St. Josef, das sich trotz der schweren Kriegszerstörungen in Koblenz bis auf den heutigen Tag weitgehend im Originalzustand erhalten hat. Vorne ist die Hohenzollerstraße aus Flugrichtung West zu sehen, am linken Bildrand die Kreuzung zur St.-Josef-Straße, rechts Schenkendorfplatz und -straße. Das Gotteshaus selbst war bereits 1893 vom Düsseldorfer Architekten Josef Kleesattel geplant und zwischen 1895 und 1898 fertiggestellt worden. Der Ziegelbau wurde mit Tuffquadern verblendet und an der Achse Casinostraße-Südallee in Nord-Süd-Richtung angeordnet. 1944 wurde die Kirche stark beschädigt. Der Wiederaufbau der dreischiffigen neogotischen Basilika erfolgte bis 1954 in mehreren Abschnitten. Zwischen 1979 und 1982 folgten umfassende Restaurierungsmaßnahmen.

Foto unten: Die Südallee mit dem Gesundheitszentrum Evangelisches Stift Sankt Martin. Das Krankenhaus hat seit dem Abbruch des „Stammhauses" in der Koblenzer Altstadt (1896) seinen Standort an der Südallee. Die Ende des 19. Jahrhunderts enstandenen Klinikbauten wurden von 1969 (Funktionstrakt) bis 1973 (Bettenhochhaus) ersetzt. 1981 kam ein Anbau für die Sonderstationen hinzu. Das Krankenhaus hat heute 434 Betten in zehn Kliniken, Ambulanzen unterschiedlicher Fachrichtungen, diverse mobile Dienste und eigene Einrichtung für Rehabilitationsmaßnahmen.

Oberwerth und die Südliche Vorstadt aus Flugrichtung Süd. Die einstige Insel wurde zunächst nur durch die Mitte der 30er Jahre gesprengte Benediktinerinnenabtei und landwirtschaftliche Flächen geprägt. Die eigentliche Bebauung des Stadtteils begann erst nach 1904, als die Stadt von der Gräfin Pfaffenhofen-Chleodowski ein größeres Areal erworben hatte. Das Oberwerth gehört heute zu den besten Wohngebieten von Koblenz.

Foto rechts: Auf der Inselspitze ist deutlich das Freibad Oberwerth zu erkennen, das erstmals 1934 als Strandbad eröffnet wurde. Unterhalb das Gelände der Universität in Koblenz, deren Altbau von 1907 bis 1909 als Königliches Lehrerinnenseminar entstand.

Der Stadtteil Güls mit der Eisenbahnbrücke von 1878. Der bis 1970 eingemeindete Ort wurde einst von Landwirtschaft und Handwerk geprägt. Noch um 1900 bestand die Einwohnerschaft meist aus Tagelöhnern, Kleinbauern, kleinen Gewerbetreibenden und Handwerkern. Güls wird bereits 775 erstmals erwähnt: Karl der Große machte damals in der späteren Gülser Gemarkung Schenkungen an die Benediktinerabtei Hersfeld. Aus dem 12./13. Jahrhundert stammt die alte romanische Pfarrkirche St. Servatius (rechter Bildrand), die 1944 zerstört, von 1958 bis 1960 wiederhergestellt wurde. Bekannter ist die neue Pfarrkirche St. Servatius (rechtes Foto Mitte). Sie wurde ab 1833 nach Plänen des Bauinspektors Johann Claudius von Lassaulx gebaut. Der Vergleich zeigt: War Güls lange Ausflugsziel und zeitweise einer der größten Kirschenumschlagplätze Deutschlands, stieg in jüngerer Vergangenheit die Bedeutung des einstigen Dorfes als Wohnstadtteil.